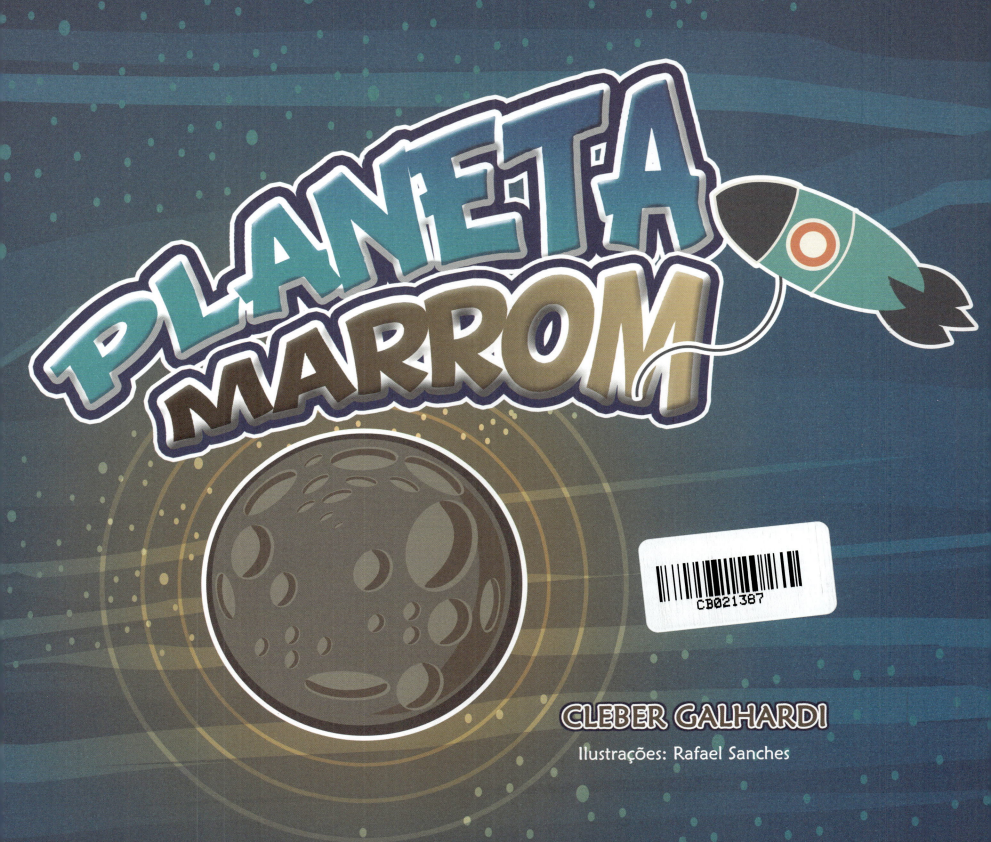

1ª edição
Do 1º ao 5º milheiro
5.000 exemplares
Agosto/2015

© 2015 by Boa Nova Editora.

**Ilustrações**
Rafael Sanches

**Diagramação**
Juliana Mollinari

**Revisão**
Alessandra Miranda de Sá
Mary Ferrarini
Ana Maria Rael Gambarini

**Coordenação Editorial**
Ronaldo A. Sperdutti

Todos os direitos reservados. Nenhuma parte desta obra pode ser reproduzida ou transmitida por qualquer forma e/ou quaisquer meios (eletrônico ou mecânico, incluindo fotocópia e gravação) ou arquivada em qualquer sistema ou banco de dados sem permissão escrita da Editora.

O produto da venda desta obra é destinado à manutenção das atividades assistenciais da Sociedade Espírita Boa Nova, de Catanduva, SP.

**1ª edição:** Agosto de 2015 - 5.000 exemplares

```
Dados Internacionais de Catalogação na Publicação (CIP)
(Câmara Brasileira do Livro, SP, Brasil)

Galhardi, Cleber
   Planeta marrom / Cleber Galhardi ; ilustrações
Rafael Sanches. -- Catanduva, SP : Boa Nova Editora,
2015.

   ISBN 978-85-8353-032-9

   1. Espiritismo 2. Literatura infantojuvenil
I. Sanches, Rafael. II. Título.


15-06238                                       CDD-028.5
           Índices para catálogo sistemático:

   1. Espiritismo : Literatura infantil    028.5
   2. Espiritismo : Literatura infantojuvenil   028.5
```

ESTE LIVRO PERTENCE A

_____

Mais à frente, viu algo passando muito rápido por ele, algo que se escondeu atrás de uma árvore. Joca não teve dúvida: foi verificar o que era. Quando chegou próximo à árvore, conteve os passos e prosseguiu bem devagar, para descobrir o que havia se escondido dele. Mais uma passada, e percebeu que era um menino.

— Olá — Joca disse ao desconhecido. — Não precisa se esconder de mim. Como você se chama?

O garoto, que se mantinha escondido, esgueirou a cabeça para cima e observou Joca dos pés à cabeça.

— QUEM É VOCÊ? — PERGUNTOU O MENINO, COM O RESTANTE DO CORPO AINDA ESCONDIDO.
— EU ME CHAMO JOCA E ESTOU AQUI PARA CONHECER O SEU PLANETA. SAIA DAÍ, POR FAVOR; NÃO VOU MACHUCÁ-LO, PROMETO!

Com um ar desconfiado, o menino foi saindo de trás da árvore lentamente e ficou de frente para Joca. Quando olhou fixamente para os olhos de Joca, o habitante do planeta marrom soltou uma gargalhada.

— Por que você está rindo? — quis saber Joca.

— Você é estranho — respondeu o menino, tentando tapar a boca para não rir novamente.

— Eu, estranho? — perguntou Joca.

— Sim. Muito estranho.

Joca não queria perder a chance de conhecer melhor seu novo amigo e, por isso, preferiu deixar de lado mais pedidos de explicações, mudando o rumo da conversa:

— Como você se chama? — repetiu.

— Eu me chamo Marromoaldo.

— Prazer em conhecê-lo, Marromoaldo. — E continuou dizendo: — Venho de muito longe e aterrissei minha nave espacial há alguns minutos. Gostaria muito de conhecer o seu planeta. Será que você poderia me mostrá-lo?

Mais tranquilo, Marromoaldo respondeu:
— Claro que sim, Joca. Vamos dar uma volta, acho que vai gostar daqui.
Os novos amigos começaram o passeio. Enquanto observava as coisas ao seu redor, algo chamou a atenção de Joca. Tudo era da mesma cor. As pessoas usavam roupas semelhantes, de tom marrom-escuro; as casas eram todas iguais, em tons de marrom. O sol e as plantas também eram da cor do planeta.

Joca, movido pela curiosidade, perguntou ao amigo:
— Marromoaldo, existem animais no seu planeta?
Sorridente, o amigo respondeu:
— Sim, siga-me que eu os mostro para você.
Lado a lado, os dois garotos andaram na direção apontada pelo amigo de Joca, e então viram um enorme animal dentro de um lago.

— VEJA, ESTE É O MARRONOCERONTE. ELE É PESADO E GOSTA DE VIVER PRÓXIMO DE RIOS E LAGOS. ENQUANTO ADMIRAVA O ANIMAL, UM PÁSSARO DEU UM VOO RASANTE PRÓXIMO DO LAGO. VENDO A CURIOSIDADE DE JOCA, MARROMOALDO EXPLICOU:

— TAMBÉM SÃO MARRONS, COMO TUDO POR AQUI — OBSERVOU JOCA. SEM CONSEGUIR SE CONTER, QUESTIONOU: — VOCÊS, EM SEU PLANETA, NÃO CONHECEM OUTRAS CORES? AZUL, AMARELO, VERDE, VERMELHO, POR EXEMPLO?

MARROMOALDO OLHOU PARA JOCA E RESPONDEU:

— ISSO NÃO EXISTE. ACHO QUE ESTÁ ENGANADO.

— DE FORMA ALGUMA. VEJA EM MINHA ROUPA E PERCEBERÁ O QUE ESTOU DIZENDO.

Sem conseguir disfarçar, Marromoaldo novamente disparou uma gargalhada e comentou:
— Por isso eu disse que você era estranho!!!
Por um momento, Joca sentiu pena do amigo. Imaginou como deveria ser triste viver acreditando que existia somente uma cor no universo. Lembrou-se do planeta Terra e sua diversidade, mas, preferiu não entrar em detalhes com o seu novo amigo.

O passeio estava tão interessante que Joca nem percebeu que o dia chegava ao fim. Olhou para o alto e viu as primeiras estrelas. Mais distante, viu a lua, e não se assustou quando observou a cor dela. Era marrom também. Percebendo que já era tarde, Joca resolveu voltar para a nave e retornar ao seu planeta. Virou-se para o amigo e disse:

— Está ficando tarde e, infelizmente, não posso ficar mais tempo por aqui. Preciso ir agora, Marromoaldo. Gostei de conhecê-lo, e obrigado por me apresentar o seu planeta.

Os dois amigos trocaram um longo abraço. Joca foi então para sua nave espacial e retornou ao planeta Terra. Como a viagem era longa, quando chegou aqui já havia amanhecido. Pela primeira vez, Joca notou a beleza do planeta Terra.

PERCEBEU COMO ERA BONITO O SEU MUNDO: AS CORES VARIADAS DAS PLANTAS, A DIVERSIDADE DOS ANIMAIS, OS RIOS E MARES COM TONS AZULADOS, O SOL EM TODO O SEU ESPLENDOR DOURADO. TUDO MUITO COLORIDO, MOSTRANDO COMO SOMOS FELIZES POR RECEBER ESSE PRESENTE DE DEUS, QUE É O PLANETA TERRA.

Umas tinham a pele mais clara; outras, mais esclra; uns tinham os olhos mais arredondados que outros, com cores variadas, negros, verdes, castanhos, azuis; enquanto existiam pessoas altas, outras eram baixas; umas eram robustas e outras magras. Pela primeira vez, Joca entendeu como isso era importante. Não existia criatura superior nem inferior. Considerar uma melhor que a outra não fazia o menor sentido. Todos os seres eram filhos de Deus e contribuíam para a beleza da criação.

Feliz e admirado com seu mundo, Joca lembrou-se de uma frase que sua mãe sempre repetia e que foi dita pelo maior de todos os homens que a Terra já conheceu: "Ama a teu próximo como a ti mesmo". Entendeu que era necessário amar não apenas as pessoas, mas tudo o que existia na natureza!

Joca pegou a folha do dever de casa nas mãos e leu o tema da sua redação: "A beleza está em sermos diferentes".
Sentia-se feliz por ter encontrado um jeito diferente de escrever seu texto. Inventar uma história era divertido, e imaginar-se viajando pelo universo e conhecendo o planeta marrom tinha sido uma maneira especial de passar suas ideias à professora e também aos amigos.
Leu novamente a redação e guardou o papel com o texto escrito dentro da agenda, para levar à aula no dia seguinte.

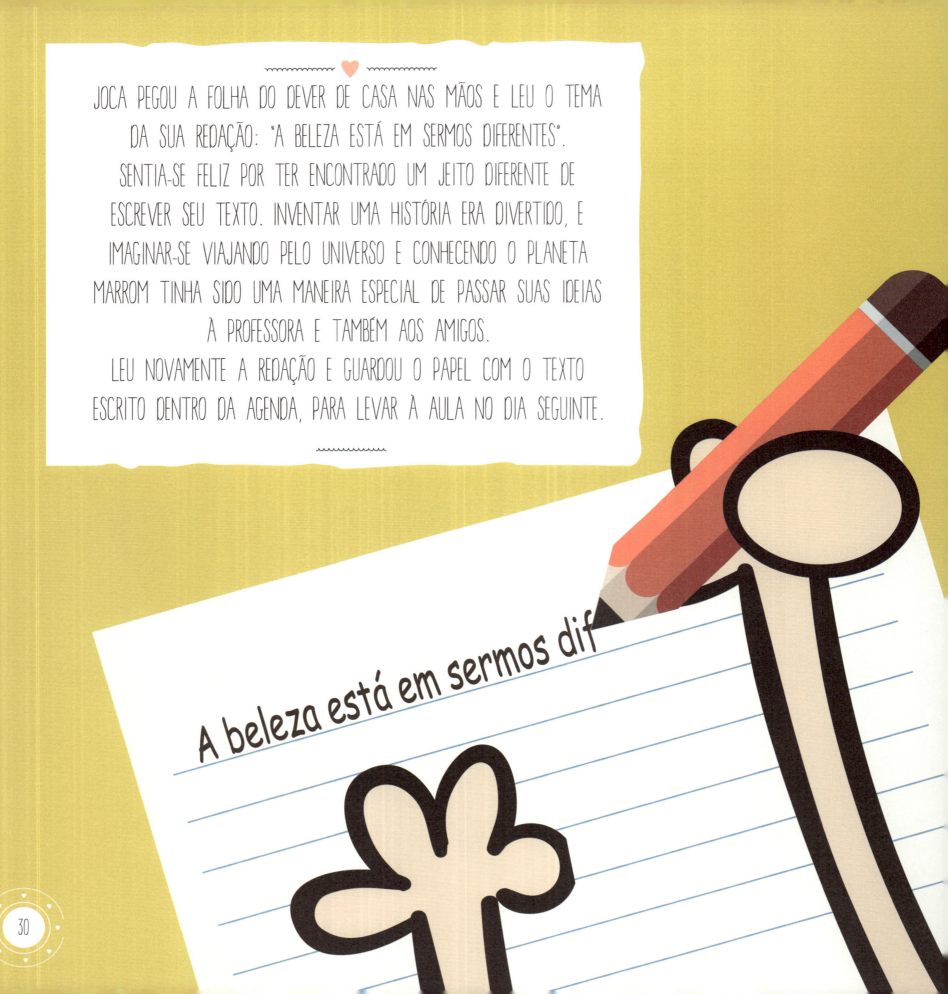

A beleza está em sermos dif